全新版

華語

第七冊

http://www.chlearn.com

編輯要旨

一、本書為適應世界各地華僑學校需要而編寫，全書共分十二冊，提供世界各地華僑小學、中學使用。各地區可因應個別需要，一年使用一冊或二冊，教材設計上，也儘量符合這二種需求。

二、本書課程設計，採「語」「文」並重；選擇在「第二外國語言」和「本國語文」中找出一個平衡點。每一課的「語文活動」中，大都有「對話練習」，滿足語言在日常生活的應用需求；每課課文，又充滿了文學、文化的趣味性與人文關懷。

三、本書重視語言文字的統整學習。每課的語文活動，將文字的形、音、義、詞語、句型、章法等，系列地歸納出概念原則，幫助孩子快速有效的學習。在教學指引中，更設計生動活潑的語文遊戲，為孩子的學習帶來歡笑。

四、本書為使學生能學習正確的華語，編寫時特別採用「國語注音符號」。附錄中對每課生字、新詞均附通用拼音、漢語拼音及英文解釋，以供參考。

五、本書所用生字，至第六冊約為八百字，至第十二冊約為二千四百字，按教育部編「常用兩千八百字字彙編」的字頻編寫。字由淺而深，在課文或語文活動、習作中，有反覆練習的機會；並且用淺白的文字和圖畫，系統性、趣味性的介紹文字，以此策略，幫助孩子大量識字。至於生字的注音，儘量不用變調、兒化韻，以降低學生學習困擾。必要的變調，如哥哥ㄍㄜ˙ㄍㄜ，文中會注變調；生字中注本調。

六、本書三課組成一單元，以收單元教學效果。但為配合僑校學生每週上課一次，所以每課都設計相關語文活動，包含聽、說、讀、寫的語文技能，做為說話課和作文課的輔助教材，以幫助學生思考、溝通及書寫的能力。每冊並附教學指引一本及習作本二本。

全新版 華語 第七冊

第一單元

幽默

一　小偷和作家 …………… 2

二　趣味的文字 …………… 8

三　意料之外 …………… 16

第二單元

發明

四　愛迪生 …………… 24

五　刮鬍刀 …………… 32

六　不要怕犯錯 …………… 38

第三單元 親情

七 遊子吟 …………… 46

八 長裙 …………… 52

九 老師的腳踏車 …………… 60

第四單元 觀察自然

十 觀察自然 …………… 66

十一 昆蟲學家法布爾 …………… 72

十二 買東西有學問 …………… 78

附錄 認識基本筆畫 84

標準筆順 85

字詞拼音對照表 94

小偷和作家

一

巴爾札克是法國有名的作家。他的想像力很豐富，似乎只要筆碰到稿紙，就能寫出一篇篇的好文章。

巴爾札克的書房裡，有一個畫框，畫框裡並沒有圖畫。大家都覺得很奇怪，他笑嘻嘻的說：「我只要想像一下，人物畫、風景畫隨時都會出現。」

關　抽　隨　篇　稿　碰　富　豐　克　偷

有一天晚上，巴爾札克發現有一個小偷正在翻他的抽屜，他不但不害怕，還哈哈大笑的說：「我在白天翻了好久，連一毛錢都找不到，三更半夜你能找到什麼呢？」小偷轉身就要走，巴爾札克說：「請你順手把門關上。」小偷說：「你什麼東西都沒有，何必關門呢！」

巴爾札克說：「那不是用來防盜的，而是用來擋風的。」

屜　札　爾　　擋　盜　防　必

語文活動一

小小劇場：老鼠偷吃我的糖

 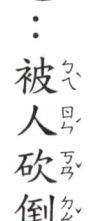    

：王先生，我要跟您告狀！

：告誰的狀呀？

：你家的老鼠偷吃我的巧克力糖。

：老鼠呢？

：被花貓吃了。

：花貓跑到哪兒去了？

：花貓爬到樹上去了。

：樹呢？

：被人砍倒了。

：人又到哪兒去呢？

：被老虎吃了？

：老虎呢？

：被河裡的水淹死了。

：水呢？

：太陽把它曬乾了。

：太陽呢？

：烏雲遮住它了。

：烏雲呢？

：被風吹走了。

：風呢？

：風—風—風停了！（邊思索邊講）

：那你現在要告誰的狀？

：我—我—我—，我不告狀了。（生氣的說）

：小小，別生氣，我們一起去吃糖吧！

：好啊！謝謝您！（牽手下臺）

讀一讀

我在白天翻了很久，連一毛錢都找不到，三更半夜你能找到什麼？

我來來回回找了五遍，連一個影子也找不到。

明天就要出國了，他連一件衣服都還沒準備。

這題目太難了，連老師都算不出來。

他的想像力很豐富，似乎只要筆碰到稿紙，就能寫出好文章。

風一陣比一陣強，似乎要把屋頂吹走。

小狗一直搖尾巴，似乎要跟我撒嬌。

你什麼東西都沒有，何必關門呢！

媽媽都煮好飯了，你何必再出外去買菜呢？

他都已經認錯了，你何必再生氣。

念一念，比一比

輸	愉	偷

偷 ㄊㄡ
小偷
小偷已經被抓到。

愉 ㄩ
愉快
這真是愉快的一天。

輸 ㄕㄨ
運輸
卡車是一種運輸工具。

當	擋	檔

檔 ㄉㄤ
文字檔
請傳文字檔給我。

擋 ㄉㄤ
擋風
我來擦一擦擋風玻璃。

當 ㄉㄤ
當然
我當然會負責任。

騙	扁	篇	偏

偏 ㄆㄧㄢ
偏偏
想出去玩，偏偏媽媽不答應。

篇 ㄆㄧㄢ
一篇
這一篇文章真感人。

扁 ㄅㄧㄢ
扁平
我的腳底是扁平的。

騙 ㄆㄧㄢˋ
騙子
他把騙子的謊言拆穿了。

二 趣味的文字

有一位書法家留了鬍鬚，白白長長的鬍鬚很吸引人。更吸引人的是他所寫的字，許多人都喜歡收藏他的作品，當作傳家之寶。

有一次，有人請他吃飯、喝酒。

飯後，主人請他寫幾個字做紀念，書法家就當場表演寫字，因為有一些醉意，竟然寫了「不可隨處小便」六個字，主人看了，說好也不是，說不好也不是。

第二天，書法家酒醒了，主人拿昨夜寫的六個字給他看。

醒　便　醉　酒　寶　藏　吸　鬚　鬍

他想了想，看了看，拿了一把剪刀把六個字剪下來，重新排列，變成了「小處不可隨便」，然後笑著對主人說：「你看，這樣是不是變成一句好話了。」

這位書法家就是「活到老，學到老」的于右任先生。

于　任　剪

語文活動二

小小劇場：趣味的文字

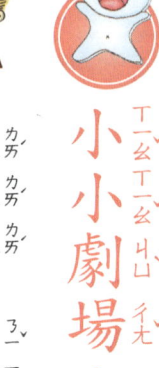

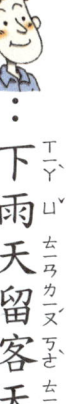

：來來來！你看看這個句子怎麼念？

：下雨天留客天天留我不留。

：下雨天留客天，天留我不？留！

：意思是說：老天爺讓我留下來，繼續

住的意思嗎？

：沒錯！

：萬一主人不想留客人，該怎麼念呢？

：那簡單，下雨天留客天，天留，我不留。

：那如果客人詢問可不可以住，又該怎麼念？

：下雨天，留客天天，留我不留？

：這中文真有趣，標點不同，意思也完全不同。

：看這句子：做大事不做大官。

：到底是要做大事，還是要做大官？

：這就要看怎麼念了。

：你念念看！

：做大事，不做大官。

：這是要做大事，不要做大官。

：另外一種又是怎麼念呢？

：做大事？不！做大官。

：這是要做大官，不要做大事。

：這真是很好玩的句子，哈哈！

讀一讀

船上女子叫子女上船。

上海自來水來自海上。 *shanghai*

天連水色水連天。

雪送花枝花送雪。

由上往下念，再由下往上念，句子的意思都一樣，這種句法叫做**回文**。

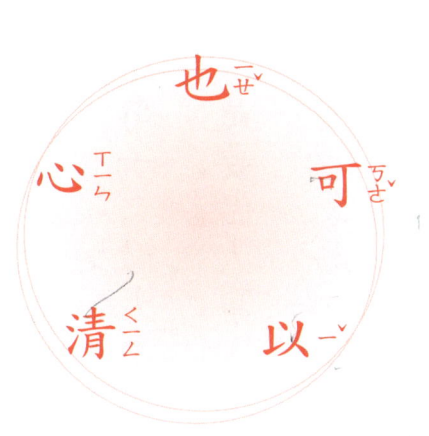

也　可　心　以　清

可以有不同的念法：

▼ 清心也可以

▼ 可以清心也

▼ 心也可以清

讀一讀

並列句

不是……也不是……

主人看了，說好也不是，說不好也不是。（兩樣都為難）

看到他這樣，笑也不是，哭也不是。

冰淇淋漸漸化了，吃也不是，不吃也不是。

遞進句

很吸引人，更吸引人……

他白白長長的鬍鬚很吸引人，更吸引人的是他寫的字。

妹妹白白嫩嫩的小臉很吸引人，更吸引人的是笑起來的模樣。

餐桌上香噴噴的烤肉很吸引人，更吸引小孩的是甜甜的冰淇淋。

讀一讀、想一想

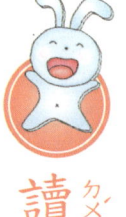

人物的寫法：

用人物所做的事來寫：

先寫：主角外表的特色：臉上有什麼，會做什麼事。 有鬍子會寫字

後寫：他做過的事：有趣的事或是特別的事。 酒醉寫字的事

再寫：引用成語或有名的話形容這個人。 活到老，學到老

再說出主角的名字。 于右任

讀一讀

- 活到老，學到老。 ×2
- 飯後走一走，活到九十九。
- 有志者，事竟成。 ×2
- 三人行，必有我師焉。
- 笑一笑，沒煩惱。
- 愈學習，愈發現自己的無知。 ×3

練習引用上面的話形容身邊的人

例句：姑姑既樂觀又開朗，不論遇到什麼麻煩，她總是說：「笑一笑，沒煩惱。」

三 意料之外

一位病重的老人即將死去，醫生認為已經不需要再隱瞞病情了。便在巡房後來到病人的床前。

「你的病已經很嚴重了！在你即將離開人世之前，你還想見什麼人嗎？」醫生詢問他。

虛弱的老人點了點頭，

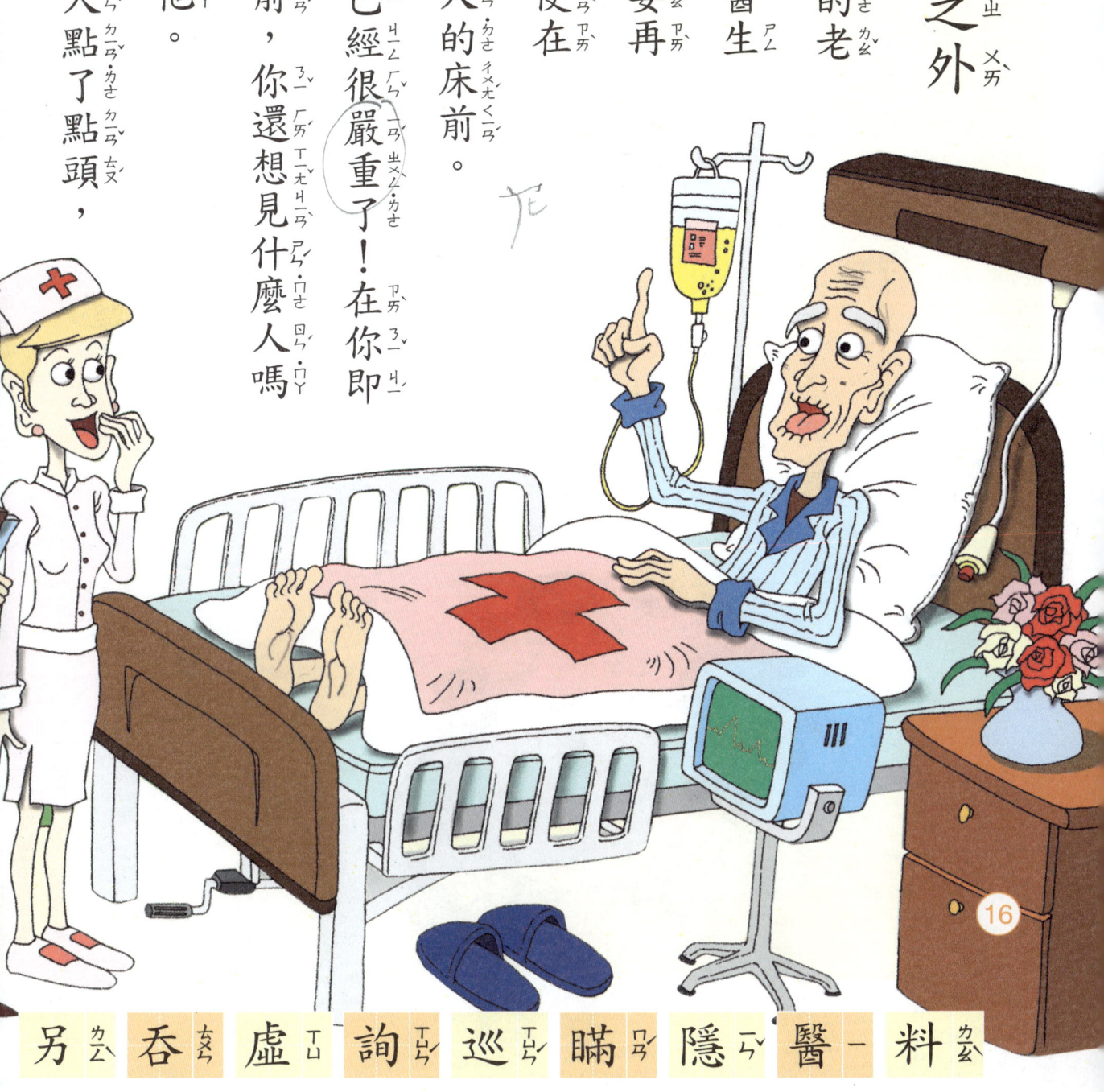

料 醫 隱 瞞 巡 詢 虛 吞 另

慢慢的吞了口水後說：「

是的，地」接著，他用幾乎

聽不見的聲音說：「我可不可以見另外一位醫生？」

本來，醫生以為老人會想在臨終前見他的親人，沒想到老人想的是要見別的醫生。當老人說出這句話時，別人聽了會會心一笑，很明顯的，醫生認為老人沒希望了，但是老人認為醫生才是個沒希望的人。如果我們是醫生，應該覺得很尷尬吧！

笑話所以會引人發笑，就是事件從發生到結果，不按牌理出牌，常在我們意料之外，因而產生可笑的效果。

顯　嚴　效　產　牌　臨

語文活動三

小小劇場：各行各業

（對著乙丙說）

：請問您從事什麼行業？（對著乙丙說）

：我在車廠工作，專門維修汽車。

：原來您是修理業，我也是這個行業。

：請問您在哪兒高就？

：我是美容院的美髮師，專門修整頭髮。

：您呢？

：跟您二位相差不遠！

：也是修理業？

我專門修理口腔內的東西。

原來您是牙醫！

我們都是同行，真應該惺惺相惜。一起去喝杯酒吧！

我最喜歡在家中和太太喝杯小酒，但是她酒量不好，一杯就醉了。

我太太更怕酒，只要聞到酒味，她就睡上三天才會醒。

這還不算厲害，我太太看到「酒」這個字，她就暈倒了。

太誇張了！（哈哈大笑）

說說笑話嘛！別當真。

還是不喝酒，我們一起去吃飯吧！

讀一讀

即將 ……

一位病重的老人即將死去。

爸爸即將出差到泰國。

姊姊即將到歐洲留學。

天即將暗下來，我們準備回家吧！

在……還……

在你將離開人世之前，你還想見什麼人嗎？

在天黑之前，我還想到球場打一打球。

在爸爸回家之前，你還可以多玩十分鐘。

在一陣狂風暴雨後，樹木還是一樣挺立。

念一念，再比一比

巡 ㄒㄩㄣ　巡房　護士跟著醫生去巡房。

尋 ㄒㄩㄣ　尋找　我要去尋找我的小狗。

詢 ㄒㄩㄣ　詢問　警察正在詢問車禍經過。

九 ㄐㄧㄡ　九月　九月九日是重陽節，又叫敬老節。

酒 ㄐㄧㄡ　喝酒　開車不喝酒，喝酒不開車。

久 ㄐㄧㄡ　很久　我很久沒去泡湯了。

讀一讀，想一想

標點符號很重要

有一個富翁很吝嗇，處處要佔人便宜，連他所聘來的老師也不讓他領到薪水。因為他寫了一張聲明，內容是：無米麵也可無魚肉也可無金銀也可。老師答應了，但是老師最後還是拿到他該拿的報酬。

原來老師是這樣標上標點：

無米，麵也可；

無魚，肉也可；

無金，銀也可。

而富翁是這樣想的：

無米麵也可。

無魚肉也可。

無金銀也可。

想一想，這兩種有什麼不同？

四

愛迪生
Thomas Alva Edison

愛迪生的媽媽生病了，需要馬上開刀。但是當時已經天黑了

，醫生說，今晚並不適合動手術。

愛迪生說：「只要多點幾根蠟燭，醫生就可以看得清楚。」

醫生說：「這樣的光線還是不夠的，如果燭油滴到傷口，反而更不妙。」

眼看著媽媽愈來愈痛苦，愛迪生急得像熱鍋上的螞蟻。

忽然他腦中閃出一道亮光——鏡子反射日光的遊戲。

他急忙拆下衣櫃的鏡子，又跑到同伴家借三面鏡子，再點燃

許多蠟燭和油燈；最後，調整四面鏡子的角度，讓鏡子反射的光

聚在一起。這樣一來，光線就足夠了。醫生很佩服愛迪生的機智

調　伴　拆　射　鏡　愈　反　夠　適

，同時也馬上為病人進行手術。開刀後，媽媽的病痛就漸漸減輕了。

光亮對人類太重要了。從此以後，愛迪生就立志要為世人找到光明，他努力不懈，因而發明了電燈，帶給人們更亮的世界。

燃　櫃　燭　蠟　迪　　志　減　漸　佩　聚

語文活動四

小小劇場：發明大王

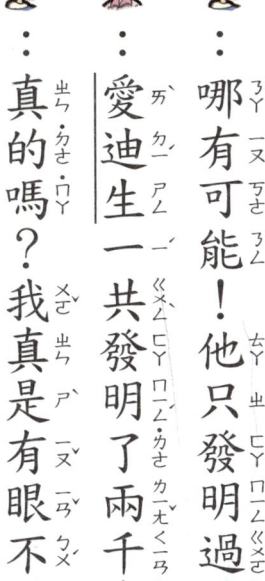

：今天輪到你晾衣服了！

：討厭！為什麼又是我？

：只是晾一下衣服，又不麻煩。

：真希望有人可以幫我的忙。

：有個人可以幫忙。

：誰？

：愛迪生呀！

：哪有可能！他只發明過電燈。

：愛迪生一共發明了兩千多件東西，不是只有電燈。

：真的嗎？我真是有眼不識泰山，那他還發明哪些東西？

‧留聲機、電動機車、鹼性電池都是他發明的，東西之多，說也說不完。再讓你猜一猜，電影是誰發明的？

‧該不會又是愛迪生吧？

‧沒錯，就是他！連上一次你跌倒摔跤照Ｘ光時，醫生用的Ｘ光也是他發明的。

‧愛迪生這麼厲害，我真太佩服他了。他一定可以幫我解決晾衣服的麻煩。

可惜他已經去世好幾十年了。

那你為什麼還說可以找他幫忙？

那是要讓你學學愛迪生勤勞的精神。因為他說

：「天才是九十九分的努力，加上一分的靈感」。

是！我現在就去晾衣服，順便找尋靈感。

讀一讀

例如：

找出段意，把主角及重要事情圈出來，連成句子。

原文：
愛迪生的媽媽生病了，需要馬上開刀。但是當時天已經黑了，醫生說，今晚並不適合動手術。

找法：

主角：愛迪生的媽媽

重要事情：天黑了不適合動手術。

段意：愛迪生的媽媽要開刀，但是天黑了不適合動手術。

原文：

生長在亞洲的老虎，牠們有很棒的視力。但是一向喜歡獨來獨往，所以小老虎長到十八個月大時，就必須離群生活。

找法：

主角：老虎

重要事情：獨來獨往，離群生活。

段意：十八個月大時，就離群生活，喜歡獨來獨往。

讀一讀

漸漸……

開刀後，媽媽的病痛就漸漸減輕了。

經過老師的勸告，他漸漸的改變行為。

愈來愈……

眼看著媽媽愈來愈痛，他急得流下淚。

妹妹愈來愈乖巧，爸爸好開心。

如果……反而

如果燭油滴到傷口，反而更不妙。

如果你幫他說謊，反而害了他。

讀一讀

兩面鏡子

李老師每天照兩面鏡子。第一面是穿衣服用的鏡子，用它可以知道衣服穿整齊了嗎？臉洗乾淨了嗎？頭髮梳整齊了嗎？帽子戴正了嗎？

第二種是用來照出自己行為用的，叫做人鏡。用它檢查自己做事認真嗎？對朋友關心嗎？講話態度合適嗎？

李老師說：我早上出門前照一次鏡子；睡覺前反省一天所做的事也照一次鏡子，兩面鏡子功用不相同。

五 刮鬍刀

大清早，吉利特先生要刮鬍子，他有一些煩惱。長長的握柄，長長的刀片，不利的時候不好刮；磨利的話，一不小心，臉很容易被刮傷呢！他常常想：有沒有更好用的刮鬍刀呢？

有一天，他坐在樹下看農夫整地。農夫揮著耙子，來來回回的耙著泥土，把泥土耙得又平又順，又順又整齊。吉利特看得好入迷，他不禁走近農夫身邊，仔細的看著農夫手上的耙子。

此時，心中出現一個靈感：如果把刀片加上一個像把子的外套，會不會更方便更安全呢？

就在十九世紀，更方便的刮鬍刀出現了。

夫 農 磨 候 柄 握 惱 煩 刮

耙ㄆㄚ

套ㄊㄠ 靈ㄌㄥ 禁ㄐㄣ 迷ㄇ一 揮ㄏㄨㄟ

語文活動五

小小劇場：孔子和項託

我叫項託，今年七歲，年紀雖然小，但是很天才！什麼都知道。

既然知道的不少，讓我來問問你，什麼山沒有石頭？什麼水沒有魚？

土山沒有石頭；井水沒有魚。

什麼馬不生小馬？什麼牛不生小牛？

木馬不生小馬。泥牛不生小牛。

什麼樹沒有葉子？什麼火不會冒煙？

枯樹沒有葉子；螢火不會冒煙。

你真聰明！我要走了，再見。

……等等！剛剛你考我，現在換我考你！

……好，請問吧！

……白鶴為什麼能在天上飛？

……因為白鶴有翅膀。

……可是風箏也能在天上飛，難道風箏也有翅膀嗎？

……這……

……孔老師，你慢慢想，我要回家了。

……了不起，這小孩常識豐富，對大自然的觀察真精確，實在不能小看孩子呀！

讀一讀

麻家媽媽真厲害，四個兒子好功夫，
老大會磨刀，大刀小刀磨得亮光光；
老二勤發問，看到問題就問為什麼；
老三魔術師，雙手靈巧變出好花樣；
老四愛跑步，摩天大樓上上下下跑。

麻：麻煩。麻痺。麻臉。

磨：磨刀石。磨墨。磨豆。

魔：魔術師。魔法。魔鬼。

摩：摩天大樓。摩擦。

認識分號

分號「；」有時候句子完了，但是意思還不夠，或是語氣還要補足，因此讓下一個句子來補充。有時候，兩個句子的意思互相比較時，也會用分號。

⭐ 長長的刀片，不利的時候不好刮；磨利的話，臉很容易被刮傷呢！

⭐ 我喜歡甜的，就吃巧克力；你喜歡鹹的，就吃蘇打餅吧！

⭐ 本來，我應該請您吃飯；現在，反而是您招待我吃飯。

六 不要怕犯錯

巴金是一個英國的年輕人。他一心一意想要製造便宜的藥物，用來救治更多的病人。但是每一次的實驗，得到的只是一堆汙黑的東西，並不是預期中的藥粉。最後一次，巴金清洗試管時，在無意中把酒精倒進試管裡。過不久，發現汙黑的東西變成紫色液體，把它染在絲布上，既好看又持久。這種紫色染料是當時最需要的貨物，於是巴金設廠大量生產，賺了許多錢。

而在德國，有一個紙廠工人，因為弄錯了造紙的配方，結果生產出一批不能書寫的廢紙。老闆非常生氣，就把他解雇了。

雖然被解雇了，這個工人並不灰心。有一天，他把玩著這些廢紙

廢ㄈㄟˋ　配ㄆㄟˋ　弄ㄋㄨㄥˋ　德ㄉㄜˊ　賺ㄓㄨㄢˋ　試ㄕˋ　救ㄐㄧㄡˋ　造ㄗㄠˋ　犯ㄈㄢˋ

，竟然發現可以快速吸乾家具上的水。他興奮的把這種紙命名為「吸水紙」，拿到市面上去試賣，居然大受歡迎。

汙黑的東西變成染料，廢紙變成吸水紙；原來，錯誤並不可怕！

解 具 命 賣 居 受 誤
宜 製 設 驗 紫 液

語文活動六

小小劇場：科學家

…小新，你在看什麼書？

…我正在讀科學家的書啊！要不要一起看？

…我不看啦！你告訴我我想知道的就好了。

…好，你問吧！

…諾貝爾是誰？

…他是瑞典的科學家，發明炸藥。

…為什麼有諾貝爾獎？

…諾貝爾很痛心炸藥炸死了許多人，所以把

…他的財產捐出來，成立諾貝爾獎。

…哇！你知道的可真不少呢！

那當然，因為我讀萬卷書嘛！

再考考你，再告訴我有關居禮夫人的事吧！

喔！居禮夫人曾經兩度得到諾貝爾獎，而且把研究成果完全捐

給政府。她真是一位令人尊敬的科學家。

哪一個科學家最有趣？

我認為是牛頓。因為他有一次把手錶當成雞蛋拿去煮。

那是他太專心研究的結果吧！還有什麼好玩的事情嗎？

有一次颳起暴風，牛頓卻到外面去跑步。

為什麼？他很熱嗎？

不是，他一下子順著風跑，一下子逆著風跑，還一邊看手錶。

我知道了，因為他要算出順風和逆風的風速。

答對了！我們也去跑跑步吧！

讀一讀

兩個相反的字合在一起，會變成什麼意思？

正▲反	好▲壞	買▲賣	水▲火	對▲錯	聚▲散

每一件事情都有正反兩面。

東西好壞，用過才知道。

做買賣最重視的是貨真價實。

他們兩人就像水火一般，不能相容。

對錯有時一下子也不能馬上判斷出來。

人的聚散是一種必然的現象。

認識句型

從……想到了……

從鏡子反射日光的遊戲，愛迪生想到了聚光的方法。

從觀察農夫整地的工具，吉利特想到了刮鬍刀的形狀。

因為……結果

因為沒有足夠的練習時間，結果一上場就輸了球。

因為工人弄錯了配方，結果產出一批不能書寫的廢紙。

雖然……並不……

雖然沒有買到想要的玩具，弟弟並不難過。

雖然被解雇了，他並不灰心。

居然……

沒想到廢紙居然能高價賣出。

他居然自誇的說：我是無敵鐵金剛。

作文教室：議論文

議論文是作者主觀的意見，作者很熱情的想說服別人，因此會舉真實發生的事情來做自己有力的證據。議論文有時也用道理來說服別人，本文直接用兩件事情做證據，再說出自己的看法。

例如：不要怕犯錯

舉出巴金和造紙工人的事證：

第一段

巴金不小心把酒精倒進試管的例子。

第二段

造紙工人弄錯配方的例子。

第三段

說明錯誤並不可怕，反而是另一種發明成功的機會。

想一想，你還可以舉出第三個因為錯誤而發明成功的例子嗎？

七 遊子吟 唐 孟郊

慈母手中線，遊子身上衣，
臨行密密縫，意恐遲遲歸，
誰言寸草心，報得三春暉。

慈愛的媽媽，日日夜夜在燈下縫衣服，她內心掛念的是：孩子什麼時候可以回來？而孩子穿上暖暖的衣服，腦中不斷浮現的是媽媽的身影，並不斷的想怎樣報答母親。

這是一首唐代的古詩，內容寫出母親對孩子的愛

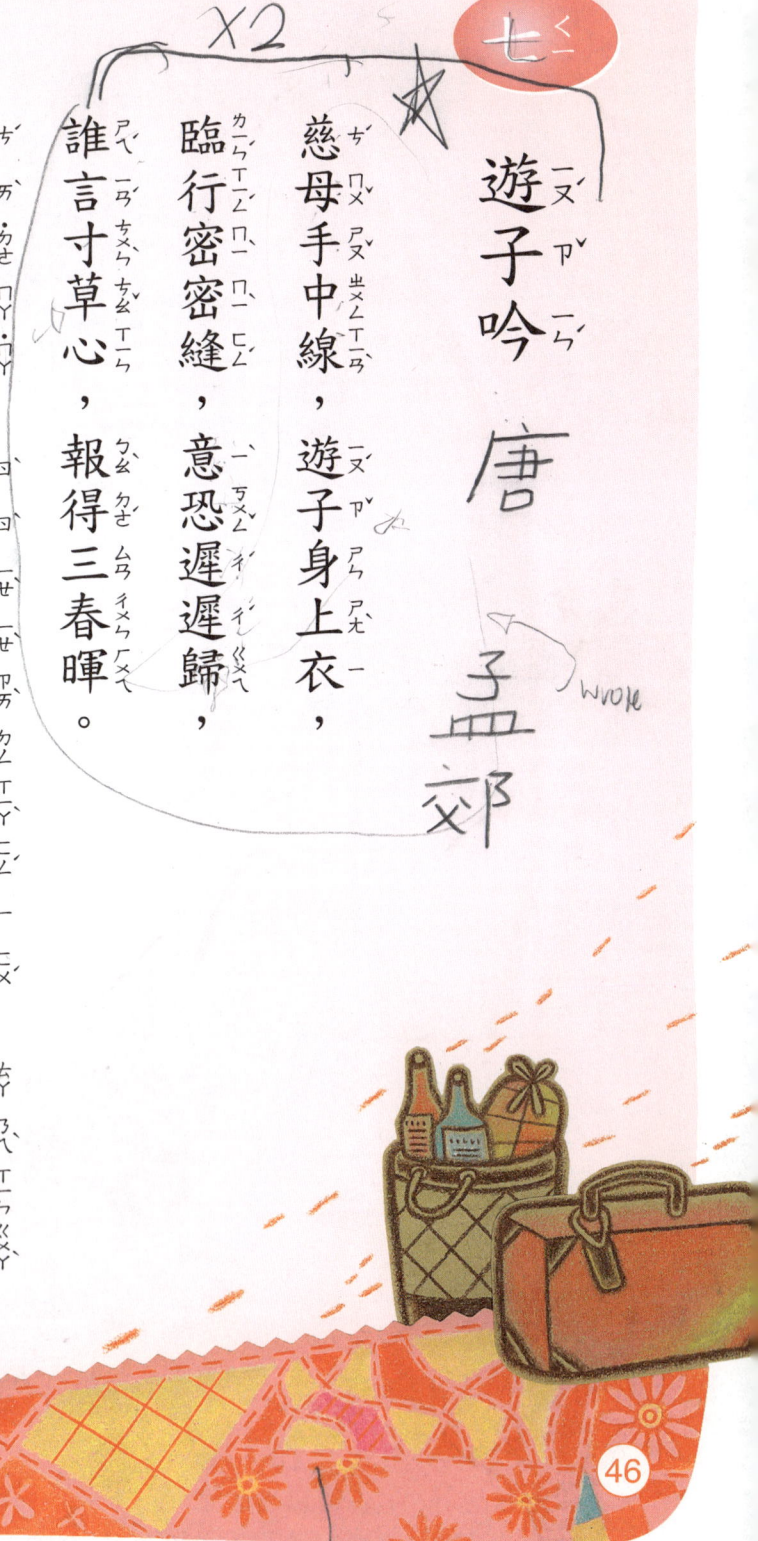

浮 暖 報 寸 遲 恐 密 慈 吟

心，孩子不知如何回報這份情意，整首詩文字簡單，能完完全全表現出母子間的深情，因此一千多年以來，受到大家的喜愛。

暉ㄏㄨㄟ 份ㄈㄣ 歸ㄍㄨㄟ 縫ㄈㄥ 單ㄉㄢ 簡ㄐㄧㄢ 古ㄍㄨ 影ㄧㄥ

語文活動七

小小劇場：我要去應酬

（指著爸爸媽媽的合照）這是你嗎？

是啊！是不是媽媽變老了？

不，媽媽，您沒有變老。

真的？（媽媽暗喜）

您只是變醜了！

哎！別多說了！你上課就要遲到了，趕快去上學吧！（媽媽垂頭喪氣）

媽媽，什麼叫做「應酬」？

應酬就是你不想做，但勉強要做一下的事。

那我去應酬了。

等一下，你是不是不喜歡上學？

沒有啦！我喜歡上學，也喜歡放學，只是不喜歡中間的時間而已。

孩子，你在學校發生了什麼事？

沒什麼！昨天上作文課，我被老師罵了一頓！

為什麼？

老師要我們寫作文，題目是：「假如我是」。

那有什麼問題？

根本沒有問題。我寫：「假如我是董事長，我要坐在那裡休息。」

你要趕快寫啊！

我是董事長，等一下就有秘書替我做了嘛！

難怪你挨罵。

字的家族：用「古」（ㄍㄨˇ）為聲的形聲字

咕咕鐘（ㄍㄨ ㄍㄨ ㄓㄨㄥ）

枯草（ㄎㄨ ㄘㄠˇ）

胡琴（ㄏㄨˊ ㄑㄧㄣˊ）

痛苦（ㄊㄨㄥˋ ㄎㄨˇ）

頑固（ㄨㄢˊ ㄍㄨˋ）

辜負（ㄍㄨ ㄈㄨˋ）

居住（ㄐㄩ ㄓㄨˋ）

估價（ㄍㄨ ㄐㄧㄚˋ）

鈷六十（ㄍㄨˋ ㄌㄧㄡˋ ㄕˊ）

沽酒（ㄍㄨ ㄐㄧㄡˇ）

姑娘（ㄍㄨ ㄋㄧㄤˊ）

胡（ㄏㄨˊ）　咕（ㄍㄨ）　枯（ㄎㄨ）

苦（ㄎㄨˇ）　　古（ㄍㄨˇ）　　居（ㄐㄩ）

固（ㄍㄨˋ）　　　　　　　估（ㄍㄨ）

辜（ㄍㄨ）　姑（ㄍㄨ）　沽（ㄍㄨ）　鈷（ㄍㄨˋ）

字的家族：用「夆」為聲的形聲字

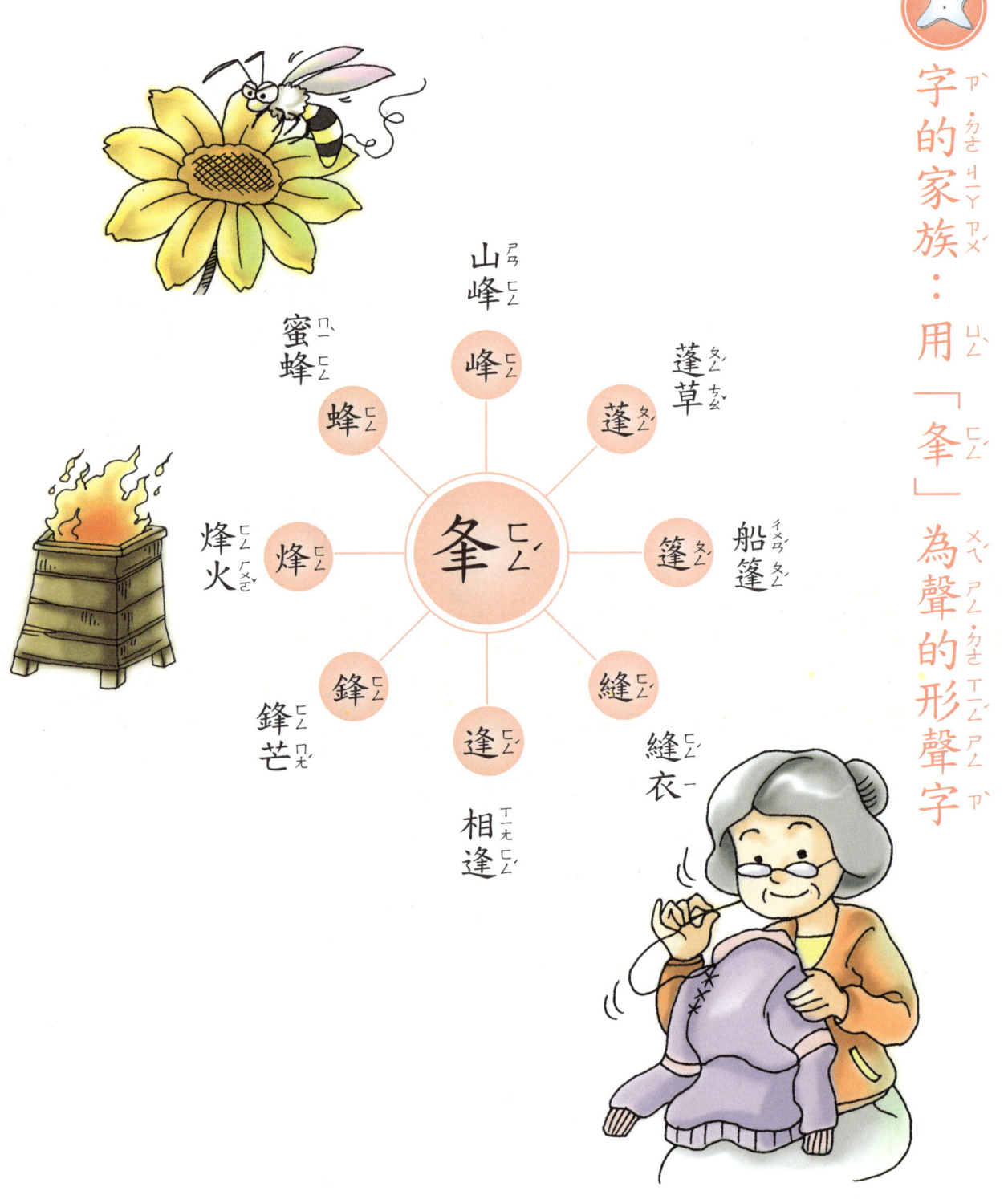

山峰　峰

蓬草　蓬

船篷　篷

縫衣　縫

相逢　逢

鋒芒　鋒

烽火　烽

蜜蜂　蜂

夆

八（ㄅㄚ）

長裙（ㄔㄤ ㄑㄩㄣ）

媽媽的綠布長裙
寬寬的
小時候的我喜歡捉迷藏
躲在綠色的森林裡
誰也找不著

毯ㄊㄢ 貼ㄊㄧㄝ 珠ㄓㄨ 淚ㄌㄟ 柔ㄖㄡ 紫ㄗ 端ㄉㄨㄢ 繩ㄕㄥ 眾ㄓㄨㄥ

媽媽的青絲長裙

長長的

人群眾多的夜市裡

抓住絲繩的一端

誰也不能讓我們分離

| 曳 ㄧ | 舊 ㄐㄧㄡ | 翔 ㄒㄧㄤ |

媽媽的紫紗長裙

柔柔的

我傷心的淚珠

大大小小的貼黏著

媽媽說這是迷人的印花

媽媽的紅呢長裙

厚厚的

冷冷的汽車座裡

它是阿拉丁的神毯

帶我在夢中飛翔

寬寬厚厚長長柔柔的裙子

漸老也漸舊了

不知怎麼

媽媽穿起來

還是迎風搖曳

美麗　依舊

語文活動八

小小劇場：有錢人的手

媽媽，你的裙子好漂亮！

謝謝！我有很短的「迷你裙」，還有像裙子的褲子，叫做「褲裙」。

「迷地裙」，有很長的

很會唱歌的人，是不是叫「歌手」？

是啊！很會投籃的人就叫「射手」。

那代表國家參加比賽的人叫什麼手？

簡單啊！就叫國手！

我再考考你！有錢人的手是什麼手？

：好像沒有這種手呀！

：哈哈，是「富貴手」啦！

：也有道理！富貴手不能隨便洗衣服、洗碗，有這種手的人，是有錢人才生得起的病呢！

：媽媽，長尾巴的星星，是什麼星？

：大家都知道的，是彗星吧！

：對，再考考你！什麼明星長尾巴，聞名全世界？

：這個……，有明星會長尾巴嗎？

：有啊，就是米老鼠啦！這可是聞名全世界的超級明星！

：好吧！算你有理！

看圖識字

楊桃（ㄧㄤˊ ㄊㄠˊ）

湯匙（ㄊㄤ ㄔˊ）

廣場（ㄍㄨㄤˇ ㄔㄤˇ）

太陽（ㄊㄞˋ ㄧㄤˊ）

大腸（ㄉㄚˋ ㄔㄤˊ）

暢通（ㄔㄤˋ ㄊㄨㄥ）

潰瘍（ㄎㄨㄟˋ ㄧㄤˊ）

易（ㄧˋ）

和「易」有關的字

「日」「一」「勿」合成「易」。

「易」，是太陽不被雲遮住，有「開」的意思。

和「易」有關的字

易，爬蟲。就是蜥蜴的意思。被借去做「容易」的易。再造「蜴」來代替蜥蜴的蜴。

九 老師的腳踏車

和那些豪華的汽車，快速的摩托車相比，林老師的

腳踏車，看起來實在是破舊不堪。如果是大熱天，他會騎得滿頭

大汗；下雨天，他常常全身濕透透；寒冷的冬天，他甚至冷得發

抖，氣喘不已。

我們好奇的問：「老師，您為什麼要騎腳踏車上班？」老師

抬頭看看遠方，低沉的說：「以前家裡很窮困，只能買得起最便

宜的腳踏車。雖然，家裡後來有錢了，但是母親還是反對我買其

他的車子。」

「為什麼？」大家更好奇的問。

宜　班　抖　甚　喘　堪　托　豪　踏

老師看著我們慢慢的說：「我的爸爸騎了幾十年的腳踏車，後來改騎摩托車兩個月後，不幸發生意外。因此，媽媽對於嘗試新事物總是小心翼翼，她認為老舊的事物有感情，清淡的食物有滋味，慢慢的步調很自在，所以不必要的東西不准買。剛開始我很不習慣，也不甘心過這樣的生活。然而現在我從簡單平淡的生活中，體會出樸實的樂趣，也就一直過這樣的生活。」

大家聽完了，安靜了好久好久。

其 ㄑㄧˊ　騎 ㄑㄧˊ　幸 ㄒㄧㄥˋ　准 ㄓㄨㄣˇ　樸 ㄆㄨˊ　摩 ㄇㄛˊ　翼 ㄧˋ

語文活動九

小小劇場：誰最酷

：我是拉風的汽車。我的造型美，速度快，身分很名貴，不管是金龜車、吉普車、賽車、跑車，車車受歡迎，誰能比我酷？

：汽車大哥，雖然你的速度快，身分很高貴，但是只要一塞車，你是英雄無用武之地。哪像我，重機車，豪華名貴速度猛；輕機車，靈活輕巧到處穿，誰能比我酷？

：汽車大哥、機車二哥，你們實在拉風又耍酷，但是，我不明白為什麼人家稱你們為「烏賊車」？

：不！不！烏賊車是機車不是我。機車的體積雖然小，廢氣可不輸我。除了讓大家臉變黑，肺變髒，機車的噪音也比我大，發生車禍也最危

險！

：不！不！您就別大哥笑二哥，

除非我們一起使用無鉛汽油，

否則我們排出的廢氣都會危害

人體的健康。

：二位大哥先別吵！雖然我的

速度慢，模樣很平常，但是

我不在乎別人的眼光，騎我

最環保，鍛鍊身體精神好

，我不在乎酷不酷，歡迎

大家和我做朋友！

讀一讀：蟬偵探

太陽頑皮的灑出金漆，天空亮亮麗麗。

清風在林間玩起呼拉圈，樹葉西西沙沙。

蟬偵探不小心現身了。

輕薄的雙翼

可是他的隱身風衣？

長長的腹部

可是他偵測的超音波？

他是在追蹤神祕的逃犯嗎？

逃犯是誰？

是厚臉皮的白雲嗎？

它偷走了微笑的太陽。

是強烈的大風嗎？

它把女孩心愛的草帽藏起來。

是發瘋的海怪嗎？

它盜走了漁船。

蟬偵探

發出長長長長的超音波

尋找

夏天那個最愛惡作劇的逃犯。

擬人法 是一種寫作的方法，常把沒有生命的東西或動、植物，變成有生命的人。例如本詩歌把蟬變成會追蹤、會探索事情的偵探。

太陽頑皮的灑金漆。

● 清風會玩呼拉圈；

● 白雲會偷走太陽的微笑；

● 大風會藏草帽，……，是不是很有趣呢！

十

觀察自然

清澈的小溪，廣闊的原野，神祕的池塘，大片的田地和遠方的森林，全部展現在眼前，

這裡好安靜。安靜的大地，你可以聽到風吹、鳥叫、蟲鳴，它們合奏出一首美麗的大自然協奏曲。

到目前為止，我和爸爸還沒發現任何動物。爸

爸說：「這附近一定有動物。要耐著性子，往前走

附　止　協　奏　鳴　展　部　闊　溪

！仔細聽，仔細看。」我的心雖然迫不及待，但寧

可相信爸爸的話，隨時等待下一個驚奇。

我們找到一棵大樹。爸爸說：「如果我們在這

裡搭一個小棚子，躲在棚子裡觀察動物就方便多了。

「利用望遠鏡，我看到知更鳥在牠的地盤上飛翔，偶

而會有山豬靠近棚子。我屏住呼吸，一動也不敢動，

山豬嗅了嗅，就離開了。我內心充滿了驚喜，但是接

下去我又等很久，卻什麼也沒有看到。

不過這個時候，已經不用爸爸再說，我也知道一

定要有耐心，再多等一會兒吧！

棚　嗅　盤　寧　澈　驚　豬　偶　搭　迫　性

語文活動十

小小劇場：到河谷去玩

：我們到河谷去玩一玩吧！

：這裡的河水聲又大又急，會不會嚇跑小鳥？

：不會，有些鳥特別喜歡在水邊生活。

：真的，你看！瀑布後面有鳥巢，旁邊還有一隻長尾鳥呢！

：爸爸，有群白色的鳥飛來了！

：那是海鷗嗎？

：那是笑鷗。你們看，牠們頭上長著黑毛，好像戴著黑面罩！

：爸爸，蓮葉上有兩隻蜻蜓！

：嗯！蜻蜓媽媽在產卵，蜻蜓爸爸在旁邊看守著。

：蜻蜓寶寶是不是叫做水蠆呢？

：是的，醜醜的水蠆可是抓魚的好手呢！

：真恐怖！水蠆會吃魚哦！

：爸爸，那隻鳥右腳筆直的站在水中，左腳縮在肚子下，眼睛正看著水面呢！

：快看！牠咬到一條魚了，還把魚拋向天空，再一口咬住，吞進肚子裡了，真厲害！

：那是蒼鷺，前面還有一隻羽毛發亮的翠鳥呢！

：好漂亮！河谷的生物真有趣！

認識句子

讀一讀和「是」有關的句子

還是　那是麻雀還是燕子?

只是　這一大片美麗的大地風光只是一幅畫。

但是　我很想去買飲料,但是身上沒帶錢。

就是　他在人群中找了很久,大叫:「就是他!」

不是、而是　這不是一片枯葉,而是一隻枯葉蝶。

不但是、也是　他不但是我的良師,也是我的好朋友。

又是　滿屋子又是玩具,又是書本,小朋友都很開心。

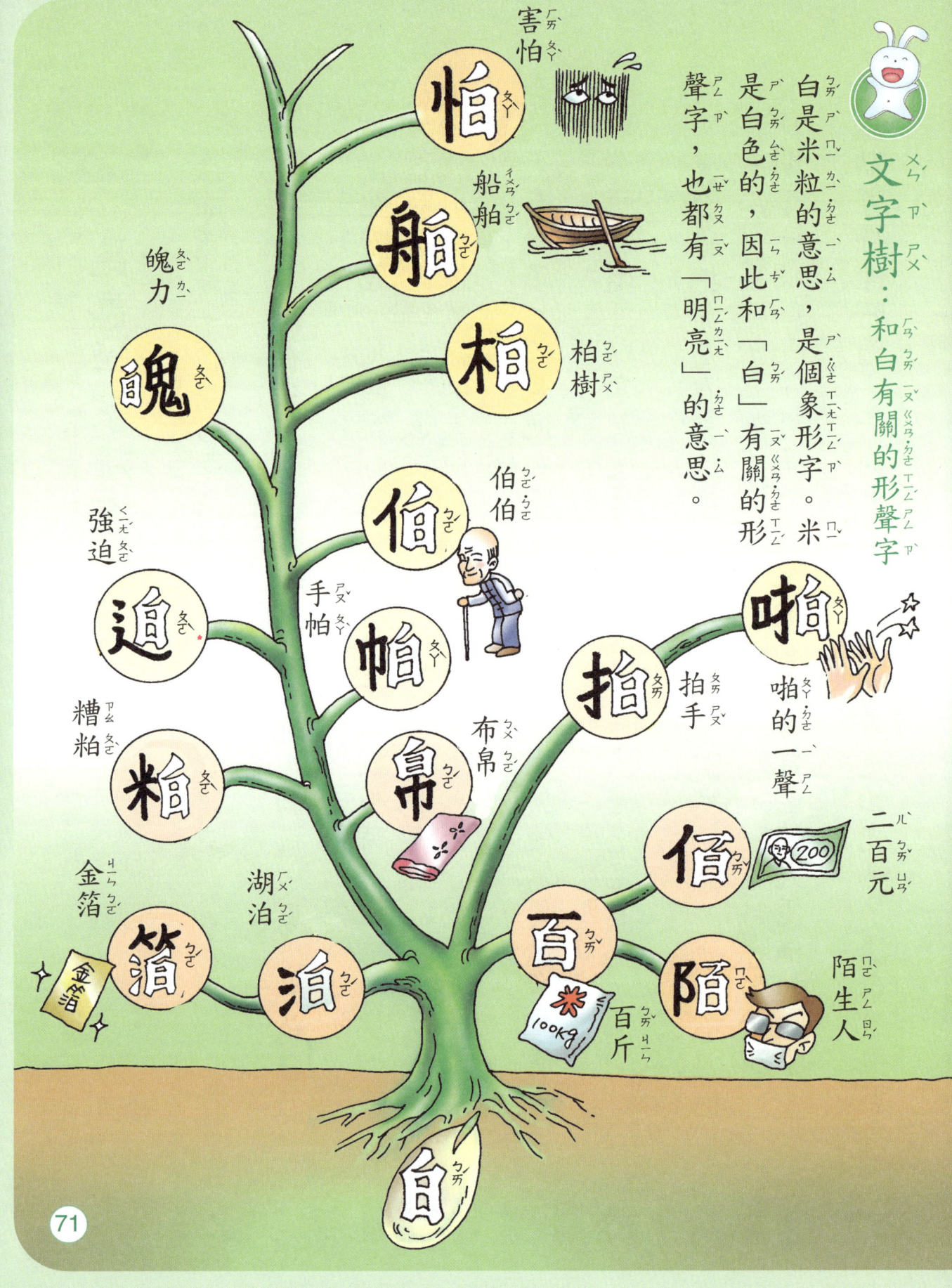

十一 昆蟲學家法布爾

法布爾是一位學校老師，他很喜歡研究昆蟲。

有一天，他在牛大便上發現了好多好多的蟲，原來那是會做糞球的金龜子。他觀察到糞金龜吃了十二個小時還在吃，量一量牠排放出來像黑線的大便，竟然有兩百八十八公分長。太令人驚奇，太有趣了。於是他在家裡養糞金龜，由於他需要很多糞便，所以小朋友還可以拿大便來和法布爾老師換糖吃呢！

糞金龜把卵產在糞球裡。法布爾為了觀察幼蟲，他用小刀把糞球開了一個細孔，可是洞馬上被幼蟲用自己的大便補起來了。幼蟲勤勞得像時鐘，一刻也不休息。幼蟲是怕光嗎？法布爾用黑

幼　卵　驚　令　龜　糞　昆　究　研

箱來養幼蟲，幼蟲還是急忙補洞
。後來他乾脆把幼蟲放進裝滿大
便的玻璃瓶，才發現幼蟲是怕空
氣跑進糞球，會把大便變得又乾
又硬，又乾又硬的大便幼蟲就咬
不動了，所以幼蟲才不斷的把洞
補起來。

法布爾把自己對昆蟲的觀察
寫成書，成為世界上最著名的昆
蟲學家。

勤　璃　玻　｜　瓶　脆　箱　補　孔

語文活動十一

小小劇場：糞金龜

今天天氣真好，我們去逛逛街，上市場買東西。（他們一走進市場，就碰到其他動物）

好吧！太棒了！

臭金龜，羞羞羞，閒來沒事玩糞球。

你們很過份，我們又沒惹你們。

沒關係！別理他們，隨他們去說吧！我們別買東西了，我帶你去遊樂場玩！

哇，臭死了！你們走開，我每天聞到的都是香甜的花蜜，怎麼能跟你們這些滾糞球的一起玩呢？

哥，我們不要玩啦！我要回家了！（話還沒說完，

他就被白貓騎的獨輪車撞倒了。黑狗警察經過，卻不問清楚狀況。）

你們撞壞了白貓的車，罰你們永遠不准上街。

這不公平！我要回去告訴我們的同伴，大家搬家，再也不住這裡了！

（森林裡的草地上，糞便越來越多，太陽一曬，臭烘烘的。大家搗著鼻子，難受極了，只好去請教羊大伯來解決這個問題。）

糞金龜是森林裡的清潔工，他們把糞球滾進地洞，使環境清潔，又幫助植物生長，你們太不應該了！

我們很後悔，我們一起去向糞金龜道歉。

（糞金龜接受了道歉搬回來住，從此，森林又像以前一樣乾淨了。）

讀一讀：修辭法

把三個或三個以上句型相似，但意思不一樣的句子排列在一起，讓文字增加內心的感受，使文章更有氣勢的寫作法，叫排比法。

- 清澈的小溪，廣闊的原野，寧靜的池塘，以及遠方的森林，全部都展現眼前。

- 清淡的食物有滋味，老舊的衣物有感情，不必要的東西不准買。

- 我從簡單的生活中，體會出單純的美感，樸素的真實，平淡的寧靜，也就這樣的過生活。

念一念

藏

ㄘㄤˊ
藏起來

ㄗㄤˋ
寶藏

▼

海盜把寶藏藏起來。

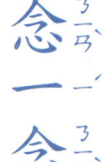

便

ㄅㄧㄢˋ
便

ㄆㄧㄢˊ
便宜

▼

這件衣服很便宜，她便買下來。

禁

ㄐㄧㄣ
禁不住

ㄐㄧㄣˋ
禁止

▼

妹妹聽到媽媽禁止她出去玩，禁不住哭了起來。

掃

ㄙㄠˋ
掃把

ㄙㄠˇ
掃地

▼

爸爸拿起掃把，不斷的掃地。

十二 買東西有學問

洗髮精上印著長髮美女，不保證這個洗髮精可以洗出漂亮的頭髮；藥品上印著醫治特效，吃了不見得會藥到病除。

首先，買東西要注意期限。負責任的廠商，會標示製造日期和使用期限。超過了期限，你還使用，很可能會藥到命除。

其次是觀察物品的外觀。衣服有沒有脫線、脫毛、變色；包裝有沒有破洞、斑點……

脫　責　負　限　注　治　標　證　保

，在在需要你細密的心思和眼光。

第三要養成檢查成份的習慣，成份的標示可以讓你明白你買的東西，品質怎麼樣。

最後，要注意選品牌。有名的廠商，本身就有很多的自我要求。如果對於陌生的品牌，不要急著買，先看看市場的反應如何再說吧！

買東西要買得快樂，用得安心。即使是小小的東西，也有大大的學問，你一點也輕忽不得。

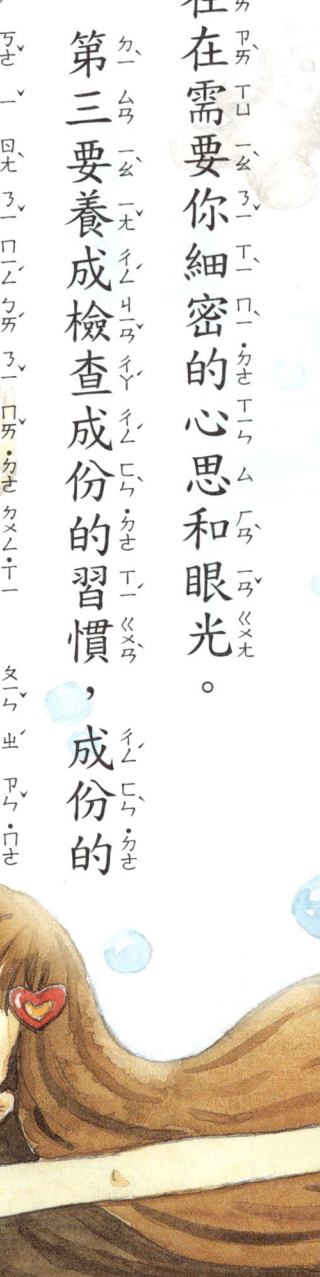

髮　品　選　陌　查　檢　斑

語文活動十二

小小劇場：買東西

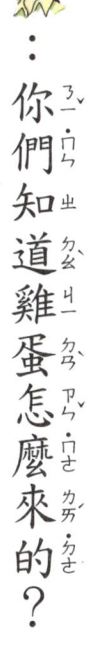

你們知道雞蛋怎麼來的？

老師，我知道，是從冰箱來的。

哈！哈！好笨，怎麼會是從冰箱來的？

那你知道是怎麼來的嗎？

是從超級市場買來的。

哇！你們的答案真讓我大吃一驚！

老師，老師，今天我哥哥在路上也大吃一「斤」。

大吃一斤什麼好東西呢？

……我哥哥在路上採到狗大便，當然大吃一「驚」囉！

……拜託！請你們把話說清楚！

……昨天我和媽媽上街去買東西。

……你媽媽要買什麼東西呢？

……我媽媽買了一條不褪色的長裙。

……你怎麼知道它不褪色？

……老闆說，那條裙子擺在店面兩年了，都沒有褪色，所以顏色很鮮豔。

……老師，我覺得小新和他媽媽都很笨吔！

……嗯……嗯……，我無話可說。

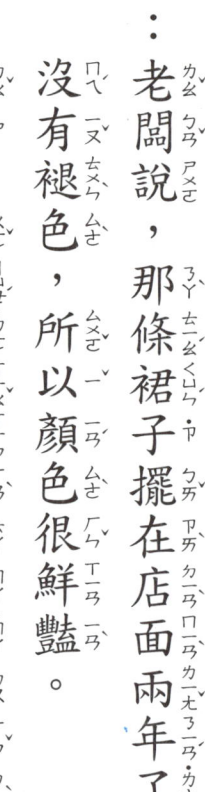

認識形容詞 adjective

形容詞可以用來形容人、事、地、物，使得被形容的人、事、地、物意思更明白，更生動。

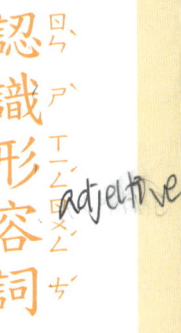

巨人走過來，大家都很害怕。

高高壯壯的巨人走過來，大家都很害怕。

我走上臺階，內心很緊張。

我走上長長的臺階，內心很緊張。

爸爸喝茶。

爸爸喝一口香氣四溢的花茶。

有感覺的短語

把下面人、地、物加上形容詞，可複選。

1 靜悄悄的
2 熱騰騰的
3 長長的
4 短短的
5 香香的
6 刺刺的
7 香噴噴的
8 暖洋洋的
9 壯壯的
10 高高的
11 白皙的
12 喜洋洋的
13 羞答答的
14 冷冰冰的
15 軟軟的

copy into book

（暖洋洋的）沙灘
（高高的）榕樹
（香噴噴的）麵包
（軟軟的）毛衣
（刺刺的）玫瑰
（冷冰冰的）雪人
（白皙的）新郎
（羞答答的）新娘
（香香的）小魚

附錄 認識基本筆畫

筆畫							筆畫
乛	挑	乀	ノ	丶	丨	一	名稱
橫折	挑	捺	撇	點	豎	橫	
曰田	法挑	人之	仁什	魚字	斗不	一二	例子

筆畫							筆畫
フ	㇆	)	乚	亅	乛	乚	名稱
橫撇	橫折鈎	彎鈎	斜鈎	豎鈎	橫鈎	豎曲鈎	
發又	月再	了豕	我代	牙寸	皮也	包他	例子

84

附錄

標準筆順

數字為總筆畫

第一課

篇	稿	碰	富	豐	克	偷
15	15	13	12	18	7	11

第二課

鬚	鬍		擋	盜	防	必	關	抽	隨
22	19		16	12	7	5	19	8	16

85

附錄（ㄈㄨˋ ㄌㄨˋ）

任	剪	醒	便	醉	酒	寶	藏	吸
6	11	16	9	15	10	20	18	7

第三課

另	吞	虛	詢	巡	瞞	隱	醫	料
5	7	12	13	7	16	17	18	10

附錄

鏡	愈	反	夠	適	第四課	效	產	牌	臨
19	13	4	11	15		10	11	12	17

志	減	漸	佩	聚	調	伴	拆	射
7	12	14	8	14	15	7	8	10

附錄 ㄈㄨˋ ㄌㄨˋ

第五課

夫	農	磨	候	柄	握	惱	煩	刮
4	13	16	10	9	12	12	13	8

第六課

德	試	造		套	靈	禁	迷	揮
15	13	11		10	24	13	10	12

附錄 (ㄈㄨˋ ㄌㄨˋ)

誤	受	居	賣	命	具	解	廢	配	弄
14	8	8	15	8	8	13	15	10	7

寸	遲	恐	密	慈	吟	第七課	賺	救	犯
3	16	10	11	13	7		17	11	5

89

附錄 ㄈㄨˋㄌㄨˋ

繩	眾	第八課	單	簡	古	影	浮	暖	報
19	11		12	18	5	15	10	13	12

曳	舊	翔	毯	貼	珠	淚	柔	紫	端
6	18	12	12	12	10	11	9	12	14

90

附錄 (ㄈㄨˋ ㄌㄨˋ)

第九課

宜	班	抖	甚	喘	堪	托	豪	踏
8	10	7	9	12	12	6	14	15

第十課

展	部	闊	溪
10	11	17	13

樸	准	幸	騎	其
16	10	8	18	8

豬	偶	搭	迫	性	附	止	協	奏	鳴
15	11	13	9	8	8	4	8	9	14

附錄

第十一課

卵	驚	令	龜	糞	昆	究	研
7	23	5	16	17	8	7	9

附錄 （ㄈㄨˋ ㄌㄨˋ）

第十二課

標	證	保		瓶	脆	箱	補	孔	幼
15	19	9		11	10	15	12	4	5

陌	查	檢	斑	脫	責	負	限	注	治
9	9	17	12	11	11	9	9	8	8

93

字詞拼音對照表

漢語拼音、通用拼音和英文解釋

課次	字　詞	課文頁碼	漢語拼音	通用拼音	英文解釋
1	偷	2	tōu	tōu	to steal
	小偷	2	xiǎo tōu	siǎo tōu	thief
	克	2	kè	kè	to be able to
	豐	2	fēng	fōng	abundant
	富	2	fù	fù	wealthy
	豐富	2	fēng fù	fōng fù	plentiful
	碰	2	pèng	pèng	to bump; to touch
	稿	2	gǎo	gǎo	draft
	稿紙	2	gǎo zhǐ	gǎo jhǐh	manuscript paper
	篇	2	piān	piān	a sheet of paper; a piece of writing
	隨	2	suí	suéi	to follow
	抽	3	chōu	chōu	to draw out
	關	3	guān	guān	to close; shut
	必	3	bì	bì	necessary; be certain to
	防	3	fáng	fáng	to guard against
	盜	3	dào	dào	robber
	防盜	3	fáng dào	fáng dào	to guard against burglary
	擋	3	dǎng	dǎng	to block
2	鬍	8	hú	hú	moustache

附錄

課次	字　詞	課文頁碼	漢語拼音	通用拼音	英文解釋
	鬚	8	xū	syū	beard
	鬍鬚	8	hú xū	hú syū	beard
	吸	8	xī	sī	to inhale
	吸引	8	xī yǐn	sī yǐn	attraction
	藏	8	cáng	cáng	to hide
	收藏	8	shōu cáng	shōu cáng	to collect and keep
	寶	8	bǎo	bǎo	treasure
	傳家寶	8	chuán jiā bǎo	chuán jiā bǎo	family heirloom
	酒	8	jiǔ	jiǒu	liquor
	醉	8	zuì	zuèi	drunk
	便	8	biàn	biàn	therefore
	醒	8	xǐng	sǐng	to awake
	剪	9	jiǎn	jiǎn	to cut; scissors
	剪刀	9	jiǎn dāo	jiǎn dāo	scissors
	任	9	rèn	rèn	to appoint
3	料	16	liào	liào	to expect
	意料之外	16	yì liào zhī wài	yì liào jhīh wài	outside expecting
	醫	16	yī	yī	doctor
	隱	16	yǐn	yǐn	to conceal
	瞞	16	mán	mán	to deceive
	隱瞞	16	yǐn mán	yǐn mán	conceal
	巡	16	xún	syún	to patrol
	詢	16	xún	syún	inquire

附錄

課次	字　詞	課文頁碼	漢語拼音	通用拼音	英文解釋
	虛	16	xū	syū	empty
	虛弱	16	xū ruò	syū ruò	weak
	吞	17	tūn	tūn	to swallow
	另	17	lìng	lìng	another
	另外	17	lìng wài	lìng wài	besides; else
	臨	17	lín	lín	at
	牌	17	pái	pái	plaque; playing cards
	產	17	chǎn	chǎn	to produce; give birth to
	產生	17	chǎn shēng	chǎn shēng	give rise to
	效	17	xiào	siào	effect
	效果	17	xiào guǒ	siào guǒ	effect
4	適	24	shì	shìh	suitable
	適合	24	shì hé	shìh hé	suitable for
	夠	24	gòu	gòu	enough
	反	24	fǎn	fǎn	contrary
	愈	24	yù	yù	more
	鏡	24	jìng	jìng	mirror
	鏡子	24	jìng zi	jìng zih	mirror
	射	24	shè	shè	to shoot
	反射	24	fǎn shè	fǎn shè	reflection
	拆	24	chāi	chāi	to take apart
	伴	24	bàn	bàn	companion
	調	24	tiáo	tiáo	to adjust

96

課次	字　　詞	課文 頁碼	漢語拼音	通用拼音	英文解釋
	調整	24	tiáo zhěng	tiáo jhěng	adjustment
	聚	24	jù	jyù	to gather
	佩	24	pèi	pèi	to admire
	佩服	24	pèi fú	pèi fú	admire from the heart
	漸	25	jiàn	jiàn	gradual
	減	25	jiǎn	jiǎn	to reduce
	減輕	25	jiǎn qīng	jiǎn cīng	lighten
	志	25	zhì	jhìh	will
5	刮	32	guā	guā	to scrape
	刮鬍刀	32	guā hú dāo	guā hú dāo	razor
	煩	32	fán	fán	annoyed
	惱	32	nǎo	nǎo	vexed
	煩惱	32	fán nǎo	fán nǎo	to worry
	握	32	wò	wò	to hold
	柄	32	bǐng	bǐng	handle
	握柄	32	wò bǐng	wò bǐng	handle
	候	32	hòu	hòu	time
	磨	32	mó	mó	to rub
	農	32	nóng	nóng	agriculture
	夫	32	fū	fū	man
	農夫	32	nóng fū	nóng fū	farmer
	揮	32	huī	huēi	to wave
	迷	32	mí	mí	to be lost

課次	字　詞	課文頁碼	漢語拼音	通用拼音	英文解釋
	禁	32	jīn	jīn	to endure
	靈	32	líng	líng	clever
	套	32	tào	tào	cover
6	犯	38	fàn	fàn	to commit something wrong or bad
	造	38	zào	zào	to make
	救	38	jiù	jioù	to help
	製造	38	zhì zào	jhìh zào	manufacture
	試	38	shì	shìh	to try out
	德	38	dé	dé	virtue
	弄	38	nòng	nòng	to do
	弄錯	38	nòng cuò	nòng cuò	mistaken
	配	38	pèi	pèi	to combine
	廢	38	fèi	fèi	waste
	廢紙	38	fèi zhǐ	fèi jhǐh	wasted paper
	解	38	jiě	jiě	to solve; to relieve
	解雇	38	jiě gù	jiě gù	dismiss
	具	39	jù	jyù	tool
	家具	39	jiā jù	jiā jyù	furniture
	命	39	mìng	mìng	life
	命名	39	mìng míng	mìng míng	denominate
	賣	39	mài	mài	to sell
	居	39	jū	jyū	to live at
	受	39	shòu	shòu	to bear; to accept

98

課次	字　詞	課文頁碼	漢語拼音	通用拼音	英文解釋
	賺	39	zhùan	jhùan	to earn
	誤	39	wù	wù	a mistake
7	吟	46	yín	yín	to chant
	慈	46	cí	cíh	kind
	密	46	mì	mì	dense
	恐	46	kǒng	kǒng	to fear
	遲	46	chí	chíh	late
	寸	46	cùn	cùn	inch; very small
	報	46	baò	baò	to requite
	暖	46	nuǎn	nuǎn	warm
	浮	46	fú	fú	to float
	影	46	yǐng	yǐng	shadow
	古	46	gǔ	gǔ	old
	簡	47	jiǎn	jiǎn	simple
	單	47	dān	dān	single
	簡單	47	jiǎn dān	jiǎn dān	simple
8	眾	53	zhòng	jhòng	numerous
	眾多	53	zhòng duō	jhòng duō	numerous
	繩	53	shéng	shéng	rope
	絲繩	53	sī shéng	sīh shéng	silk rope
	端	53	duān	duān	end
	紫	54	zǐ	zǐh	purple
	柔	54	róu	róu	soft

附錄

課次	字　詞	課文頁碼	漢語拼音	通用拼音	英文解釋
	淚	54	lèi	lèi	tear
	珠	54	zhū	jhū	drop; bead
	淚珠	54	lèi zhū	lèi jhū	tear drops
	貼	54	tiē	tiē	to paste
	毯	55	tǎn	tǎn	carpet
	翔	55	xiáng	siáng	fly
	舊	55	jiù	jiòu	past; old
	曳	55	yì	yì	to drag
	搖曳	55	yáo yì	yáo yì	flicker
9	踏	60	tà	tà	to step
	腳踏車	60	jiǎo tà chē	jiǎo tà chē	bicycle
	豪	60	háo	háo	luxurious
	豪華	60	háo huá	háo huá	luxurious
	托	60	tuō	tuō	support
	摩托車	60	mó tuō chē	mó tuō chē	motorcycle
	堪	60	kān	kān	may
	喘	60	chuǎn	chuǎn	to pant
	甚	60	shèn	shèn	very
	抖	60	dǒu	dǒu	to shiver
	班	60	bān	bān	class
	宜	60	yí	yí	suitable
	便宜	60	pián yí	pián yí	cheap
	其	60	qí	cí	that

課次	字　詞	課文頁碼	漢語拼音	通用拼音	英文解釋
	幸	61	xìng	sìng	fortune
	准	61	zhǔn	jhǔn	to allow
	樸	61	pú	pú	simple; plain
	樸實	61	pú shí	pú shíh	simple and honest
10	溪	66	xī	sī	brook
	闊	66	kuò	kuò	wide
	廣闊	66	guǎng kuò	guǎng kuò	vast; wide
	部	66	bù	bù	part
	展	66	zhǎn	jhǎn	to open
	鳴	66	míng	míng	to sound
	奏	66	zòu	zòu	to strike a tune
	協	66	xié	sié	to join
	協奏曲	66	xié zòu qǔ	sié zòu cyǔ	concerto
	止	66	zhǐ	jhǐh	to cease
	附	66	fù	fù	to attach
	附近	66	fù jìn	fù jìn	nearby
	性	66	xìng	sìng	character; property
	迫	67	pò	pò	to compel
	迫不及待	67	pò bù jí dài	pò bù jí dài	too impatient to wait
	偶	67	ǒu	ǒu	by chance
	豬	67	zhū	jhū	pig
11	研	72	yán	yán	to study
	究	72	jiù	jiòu	to probe

課次	字　詞	課文頁碼	漢語拼音	通用拼音	英文解釋
	研究	72	yán jiù	yán jiòu	study
	昆	72	kūn	kūn	insect
	昆蟲	72	kūn chóng	kūn chóng	insect
	糞	72	fèn	fèn	excrement
	龜	72	guī	guēi	turtle
	令	72	lìng	lìng	order
	驚	72	jīng	jīng	to frighten
	卵	72	luǎn	luǎn	egg
	幼	72	yòu	yòu	young
	孔	72	kǒng	kǒng	hole
	補	72	bǔ	bǔ	to patch
	箱	73	xiāng	siāng	box
	脆	73	cuì	cuèi	brittle
	瓶	73	píng	píng	bottle
	玻璃瓶	73	bō lí píng	bō lí píng	tumbler
12	保	78	bǎo	bǎo	to protest
	證	78	zhèng	jhèng	to prove
	保證	78	bǎo zhèng	bǎo jhèng	guarantee
	標	78	biāo	biāo	to mark
	治	78	zhì	jhìh	to manage
	注	78	zhù	jhù	to pour
	注意	78	zhù yì	jhùh yì	pay attention to
	限	78	xiàn	siàn	limit

附錄

課次	字詞	課文頁碼	漢語拼音	通用拼音	英文解釋
	負	78	fù	fù	to bear
	責	78	zé	zé	duty
	負責	78	fù zé	fù zé	responsible for
	脫	78	tūo	tūo	to take off
	斑	78	bān	bān	spot
	檢	79	jiǎn	jiǎn	to check
	查	79	chá	chá	to examine
	檢查	79	jiǎn chá	jiǎn chá	check
	陌	79	mò	mò	path

Memo

Memo

帶領孩子進入學習華語的快樂園地吧！

《嘻哈樂園》是特別為海外學前幼稚園（3歲以上）或小一到小四初學華語的學童所編製。兒童天性好動、好玩、好新奇、好唱遊、好塗鴉，模仿力和記憶力都強，因此《嘻哈樂園》透過生動的韻文兒歌和創意漢字遊戲，帶動兒童開始認識華語。

《嘻哈樂園》將奠定幼兒拼音、發音、識字、寫字的基礎，可學會約600個漢字及大部分可組成簡單句子的簡易句型，讓孩子自然而然的開心學拼音，說華語！

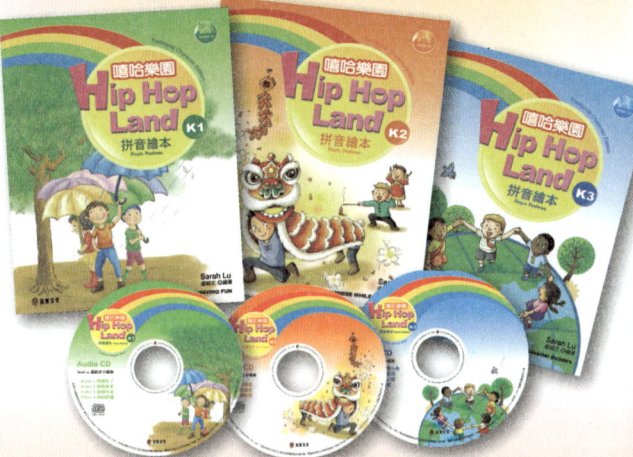

全套共分K1～K3三級

- 拼音繪本（書+CD）
- 漢字繪寫本
- 兩冊合購加贈eBook電子教科書光碟

Hip Hop Land	K1	K2	K3
Pinyin Pastimes	單韻母 Single Finals (a o e i u ü) 複韻母 Compound Finals (ai, ei, ao, ou) 鼻韻母 Nasal Finals (an, en, ang, eng, ong) 結合韻母 Combined Finals (in, ing, iu, ui, un, ün)	聲母 Initials (b p m f d t n l g k h)	聲母 Initials (j q x, zh ch sh, r, z c s) 韻母 Final (er)
	200 words	180 words	220 words
	8 Rhyming Songs	8 Rhyming Songs	8 Rhyming Songs
Creative Chinese	Characters Be able to: –recognize 40 characters –recognize 28 radicals –write 17 characters	Characters Be able to: –recognize over 74 characters –recognize more than 28 radicals –write over 47 characters	Characters Be able to: –recognize over 81 characters –recognize over 30 radicals –write over 37 characters
	Series Totals: recognize 195 characters; recognize 86 radicals; write 100 characters		

教材特色

- 提供【正體字版】與【加註簡體字版】兩種版本，老師可依需求選書。
- LUNAR教學設計，由生活題材及日常用語出發，奠定孩子說華語的基礎。
- 精心設計的生動插圖與繪本，讓課堂充滿豐富色彩！
- 活潑的韻文兒歌、創意的漢字遊戲，學習過程歡笑不斷！
- 「文化視窗」Culture Window，豐富孩子的文化視野！

讓學生更容易親近的好教材！

經典教材全新版華語，今年將隆重推出橫式編排版本：

- 「注音符號」與「漢語拼音」雙註
- 「正體字」與「簡體字」並列

老師教學更多元、更便利；

學生學習更輕鬆、更樂意！

三大特色

- 提供正體字版（直式）與正簡並列版（橫式）兩種版本，老師可依需求選書

- 優美的文字，豐富的故事，學習語言之餘，還能同時接受不一樣的文化薰陶

- 搭配教用電子書，結合數位科技與傳統教學，將華語教學變得有趣易學

100年底　率先推出1-3冊・101年6月將推出4-6冊

國家圖書館出版品預行編目資料

全新版華語：課本 / 蘇月英等著. --臺初版.
--新北市新店區：流傳文化, 2004.11 印刷-
　冊；　公分
ISBN 986-7397-07-X（第7冊：平裝）

1.中國語言 - 讀本

802.85　　　　　　　　　　　93003024

全新版華語 第七冊

總 主 編◎蘇月英
編撰委員◎蘇月英、李春霞、胡曉英、詹月現、蘇　蘭
　　　　　吳建衛、夏婉雲、鄒敦怜、林麗麗、林麗眞
插　　畫◎罐頭魚、蘇傳宗、朱美靜、鍾燕貞
美術設計◎陳美霞
出版發行◎流傳文化事業股份有限公司
地　　址◎(231)新北市新店區復興路43號4樓
電　　話◎(02)8667-6565
傳　　眞◎(02)2218-5172
郵撥帳號◎19423296
網　　址◎http://www.ccbc.com.tw
E-mail:service@ccbc.com.tw

出版日期◎西元 2004 年 11 月臺初版（50042）
　　　　　西元 2017 年　5 月臺初版十六刷

分類號碼◎802.85.025
ISBN　986-7397-07-X

定　　價：120元
版權所有‧翻印必究　Printed in Taiwan